Ode an Einstein

Das Hohelied vom Licht

Hans-Jürgen Sträter

Impressum:	Ode an Einstein Das Hohelied vom Licht von Hans-Jürgen Sträter
Coverbild:	Christina Buhr Homepage: http://cbuhrhobbykunst.jimdo.com/
	1. Auflage vom 1. Mai 2014
ISBN:	9783732299393
(Hrsg.) V.i.S.P.:	Hans-Jürgen Sträter Wacholderstr. 26 26639 Wiesmoor
Redaktion:	Hans-Jürgen Sträter
Tel.:	04944-5815
Fax:	04944-5839 kontakt@adlerstein.de www.adlerstein-verlag.de
Herstellung und Verlag:	BoD - Books on Demand, Norderstedt

© Adlerstein Verlag Wiesmoor, 2014

Alle Rechte vorbehalten

„Du durchdringest alles.
Lass dein schönstes Lichte,
HERR, berühren mein Gesichte!
Wie die zarten Blumen
willig sich entfalten
und der Sonne stille halten,
lass mich so still und froh
deine Strahlen fassen
und dich wirken lassen!"

Gerhard Tersteegen (1697 – 1769)

Inhaltsverzeichnis Seite

Vorwort	9
Licht vom Licht	11
Funkenflug	13
Lichtblicke	15
Himmel und Erde	17
Wie ein Jakob	19
Morgenstern	21
Sternenliebe	23
Leuchte weit	25
Sternenlicht	27
Ode an Einstein	29
Ohne Licht	31
Sei ein Adler	33
Im Bilde?	35
Es wird Zeit!	37
Leuchtfarbenfröhlich	39
Dimensionenlicht	41
Die Genesis	43
Forschergeist	45
Sternenweise	47
Licht und Schatten	49
Mond- und Sonnenschein	51
Licht will leuchten	53
Scharfsinnig	55

Das Hohelied vom Licht	57
Ostern	59
Dann kommt das Licht	61
Stilles Nachtlied	63
Engelsingen	65
Licht	67
Licht heißt:	69
Nachwort	71
Zum Autor	73
Zur Künstlerin	73

Vorwort

Das Licht ist die Wurzel aller Wunder.

In der Religion und Philosophie hat das Licht eine große Bedeutung, Sinn und Erkenntnis allen Seins zu deuten und verständlich zu machen. Die Physik überwindet mit Hilfe des Lichtes Grenzen von Raum und Zeit. Die Chemie forscht, welche Elemente durch das Licht entstehen bzw. welche chemischen Reaktionen Licht erzeugen können. In der Nachrichtentechnik werden mit Hilfe des Lichtes Daten übertragen. Zur Energieerzeugung setzt man das Licht ein.

In der Industrie wird Licht als Werkzeug genutzt. Die Biologie untersucht die Auswirkung des Lichtes auf das Leben.

Ganz besonders erfahren wir jedoch die Begegnung mit dem Licht in der bildenden Kunst. Erst durch Licht wird ein Gemälde sichtbar und ein Bild drückt oft wunderschön das Spiel mit Licht und Schatten aus.

Eines der größten Wunder im Menschen ist jedoch, dass wir durch ein kleines **schwarzes Loch** unsere Welt sehen können, wenn das Licht auf der Netzhaut in elektrische Impulse umgewandelt wird. Der Sehnerv bringt diese Daten in Bruchteilen einer Sekunde in unser Gehirn, wo sie sowohl für spätere Träume und Erinnerungen abgespeichert werden, als auch von uns aktuell bewusst, farbig, bewegt und räumlich wahrgenommen werden.

Und dann gibt es natürlich auch das große **schwarze Loch** im Weltall, wo alles, was in seiner Nähe ist, verschwindet, auch das Licht selbst.

Seit den großartigen Erkenntnissen von Albert Einstein wird hier viel erforscht. Immer wieder geht es um das Wesen des Lichtes, der Energie, der Kräfte, die Alles zusammenhalten.

Es geht aber auch um Anfang und Ende der Welt usw.

Doch immer wieder schwingt da ein Grundton mit: „Wer sind wir, wo kommen wir her, wo gehen wir hin und wo liegt der Sinn vom Ganzen?

Das fragen sich Atheisten und Christen, ja eigentlich irgend wie alle Menschen, die „nachdenken" und sich auch mit den alten „Vordenkern" beschäftigen und auseinandersetzen.

Unser Buch möchte mit alten und neuen Gedanken und Interpretationen ein breites Spektrum über das Licht wiedergeben, wie es uns das Licht selbst im Regenbogen lehrt.

„Lass mich heut' und allezeit
froh von deiner Gnade singen
und mich in die Ewigkeit
mit des Geistes Flügeln schwingen!
Gib mir einen Vorschmack ein,
wie es wird im Himmel sein!"
Benjamin Schmolck (1672 – 1737)

*„Licht vom Licht erleuchte mich,
dass ich, Vater, dich erkenne,
mache es auch mir möglich,
deinen Sohn gern zu bekennen,
auf ihn warten allezeit,
denn er kommt in Herrlichkeit!"*

„Licht nach dem Dunkel,

Friede nach Streit,

Jubel nach Tränen,

Wonne nach Leid,

Sonne nach Regen,

Lust nach der Last,

nach der Ermüdung

selige Rast!"

Frances Ridley Havergal (1836 – 1879)
Deutsch von Johanna Meyer (1851 – 1921)

„Funkenflug

*In der Dunkelheit der Zeit
scheint das kleinste Leuchten helle,
doch im Blick zur Ewigkeit
sind wir wie ein Funken schnelle.*

*Dennoch wirk' mit deinem Lichte
froh und mild und warm und gut,
der dir schenkt sein Angesichte,
gibt doch alles – auch den Mut!"*

„Und er hieß ihn hinausgehen und sprach: Sieh gen Himmel und zähle die Sterne; Kannst du sie zählen?"

1. Mose, 15,15.

„Lichtblicke

Gern schaue ich der Sterne Raum
und denke: „Welch ein wacher Traum."
Doch sehen kann das All sich nicht –
es braucht mein staunend Geisteslicht!"

„Zion hört die Wächter singen,

das Herz tut ihr vor Freude springen,

sie wachet und steht eilend auf.

Ihr Freund kommt vom Himmel prächtig,

von Gnaden stark, von Wahrheit mächtig,

ihr Licht wird hell, ihr Stern geht auf.

Nun komm, du werte Krohn,

Herr Jesu, Gottes Sohn! Hosianna!

Wir folgen all zum Freudensaal

und halten mit das Abendmahl."

Philipp Nicolai (1556 – 1608)

„Himmel und Erde

Alles, was ich unten sehe,
Erde, Steine in der Nähe,
pack' ich an und mach daraus
fruchtbar Feld und volles Haus.

Aber oben in der Ferne
seh'n wir Himmel und die Sterne,
schau'n ein Stück der Ewigkeit,
da wird Herz und Seele weit.
Manches Menschenkind dann denkt:
Raum und Zeit sind uns geschenkt!"

„Wie schön leuchtet der Morgenstern,

voll Gnad' und Wahrheit von dem Herrn

uns herrlich aufgegangen!

Du Davids Sohn aus Jakobs Stamm,

mein König und mein Bräutigam,

du hast mein Herz umfangen.

Seh' dich lieblich,

schön und prächtig, groß und mächtig,

reich an Gaben,

über alles hoch erhaben."

Philipp Nicolai, (1556 - 1608)

„Wie ein Jakob

*So wie ein Jakob möcht' ich sein
und ruhen aus auf einen Stein
und sehen auf den Morgenstern –
hätte die Himmelsleiter gern!"*

„Morgenglanz der Ewigkeit,
Licht vom unerschaff'nen Lichte,
schick uns diese Morgenzeit
deine Strahlen zu Gesichte
und vertreib durch deine Macht
unsre Nacht!"

Christian Freiherr Knorr von Rosenroth (1636 – 1689)

„Morgenstern

Morgenstern der Herrlichkeit,
scheine tief in unsre Herzen,
mach uns Mut, damit auch heut'
leuchten hell des Glaubens Kerzen,
damit jeder, der dich nennt,
gern bekennt.

Morgenstern der Gnadenzeit,
scheine mild in unsre Herzen,
mach uns froh, dass weit und breit
leuchten hell der Liebe Kerzen,
wie ein wärmend Winterlicht,
still und schlicht.

Morgenglanz der Ewigkeit,

scheine tief in unsre Herzen,

mach es licht, dass in die Zeit

leuchten hell der Hoffnung Kerzen,

in die dunkle Erdennacht,

auf der Wacht."

„Wenn die Sterne als Supernova sterben,
entstehen neue Elemente, u.a. auch
Sauerstoff und Kohlenstoff,
die für das irdische Leben wesentlich sind.
Auch Jesus Christus – der helle Morgenstern –
starb für uns, damit wir leben"

„Sternenliebe

Wie viel Sterne mussten sterben
für dein Leben?
Doch du kannst, was du ererbt hast,
weitergeben:
Lasst uns in der Liebe Licht
nach Frieden streben!"

„Man zündet auch nicht ein Licht an

und stellt es unter einen Scheffel,

sondern auf einen Leuchter;

so leuchtet es allen, die im Hause sind."

Matthäus 5, 15

„Leuchte weit!

Leuchte weit, leuchte weit!
Zion, leuchte in die Welt!
Gottes Wort stets Gnade bringe,
Glaube, Hoffen, Lieb erhellt.
Freiheit aus der Wahrheit dringe,
Fried' schafft Segen,
Stärke kommt aus Freud'.
Leuchte weit, leuchte weit!"

„Und die da lehren, werden leuchten
wie des Himmels Glanz,
und wie viele zur Gerechtigkeit weisen,
wie die Sterne immer und ewiglich."
Daniel 12,2.

„Sternenlicht

Sternenlicht, Sternenlicht,
Zion, sieh die Lehrer schlicht!
Dunkelheit die Welt umringet,
doch den Mut verliere nicht!
Ihr Glanz alle Nacht durchdringet,
durch sie bleibt Gerechtigkeit in Sicht.
Sternenlicht, Sternenlicht."

„Ewigkeit in die Zeit
leuchte hell hinein,
dass uns werde klein das Kleine
und das Große groß erscheine!
Sel'ge Ewigkeit, sel'ge Ewigkeit!"
Marie Schmalenbach (1835 – 1924)

„Ode an Einstein

Wie relativ ist unser Raum,
ist er unendlich und ein Traum?
Da gibt es Massen und auch nicht –
im Grenzbereich pulsiert das Licht.

Wie relativ ist unsre Zeit,
führt sie in alle Ewigkeit?
Wann können Uhren rückwärts gehen,
wo kann man unsre Kindheit sehen?

Wie relativ ist denn das Licht,
warum hat's Photon kein Gewicht?
Und weshalb ist so rasend schnelle
die unerklärbar' Teilchenwelle?

Wie relativ schwarz ist das Loch,
ist es ein Galaxienkoch,
wo Staub und Sterne einst vergehen
um neu im Jetstrom zu entstehen?

Wie relativ ist unser Wissen,
warum wir so viel Fragen müssen?
Ach, unser Denken ist beschränkt,
der Schädel das Gehirn einengt.

Wie relativ ist dies Gedicht,
ist es zu einfach und zu schlicht?
Es möge heute allen sagen,
wie wichtig es ist, neu zu fragen.

Noch relativ ist unsre Nacht,
doch hab ich auf dein Erbe acht:
Albert, ich setz dein Forschen fort,
mit Augen, Ohren, Geist und Wort!"

„Ohne Licht

*Ohne Licht
kein Gedicht!
Ich könnte ja nicht schreiben
und müsste einsam bleiben.*

*Nämlich dich
gäb' es nicht!
Denn ein blindes Wesen
kann doch auch nicht lesen.*

*Ohne Licht
keine Sicht,
kein Sein ohne Werden
im Himmel und auf Erden!"*

„Und Gott sprach: Es werde Licht!

Und es ward Licht.

Und Gott sah, dass das Licht gut war."

1. Buch Mose, 1, 3. + 4.

„Lass mein Herz überwärts
wie ein Adler schweben
und in dir nur leben!"

Gerhard Tersteegen (1697 - 1769)

„Sei ein Adler

Sei ein Adler und keine Ente,
liebe dein Wirken
und nicht nur die Rente;
denn zum Lichte streben
ist Leben!"

„Das war so prächtig,

was ich im Geist gesehn.

Du bist allmächtig,

wie ist dein Licht so schön.

Könnt ich an diesen hellen Thronen

doch schon von heut an

auf ewig wohnen!"

Johann Timotheus Hermes (1738 - 1821)

„Im Bilde?

Ein Bild zum besseren Versteh'n
hab ich in einem Traum geseh'n:
das All schrumpfte zu einem Land,
die Milchstraße zur Handvoll Sand.
Die Sonne wurde zum Atom,
umkreist vom Erden-Elektron.

Hat mich berührt, was ich geschaut,
weil groß und klein das All gebaut.
Ein Mensch ist doch unendlich klein,
wie passt er in dies Bild hinein?
Doch dank ich freudig beim Betrachten
und lern' des Schöpfers
Allmacht achten!"

„Meine Zeit steht in deinen Händen."

Psalm 31, 16.

„Es wird Zeit!

Die Zeit ist die Funktion des Lichts
und vor dem Licht war wirklich nichts?!
Wie kam das Licht zum Schwingen,
so dass die Uhren gingen
und alles konnt' beginnen?

Wer also sprach: Es werde Licht!,
diese drei Worte, kurz und schlicht?
Ein Kind weiß es, du glaubst es nicht?!
Geht dir einmal ein Licht hell auf –
dann kommst du drauf!"

„Wer trägt der Himmel unzählbare Sterne?

Wer führt die Sonn' aus ihrem Zelt?

Sie kommt und leuchtet

und lacht uns von ferne

und läuft den Weg gleich als ein Held."

Christian Fürchtegott Gellert (1715 – 1769)

Leuchtfarbenfröhlich

*Durch die Stille
des unendlichen Raumes
glüht einsam die Goldene.
Der Blaue umkreist sie liebevoll
in Milliarden Jahren und Herzen.
Wunderweise weben wir weiter,
denn fröhlich
leuchten uns die Farben
der Edelsteine und Sterne."*

„Mache dich auf und werde licht,

denn dein Licht kommt

und die Herrlichkeit des Herrn

geht auf über dir!"

Jesaja 60,1.

„Dimensionenlicht

*Ein unerschrockenes Photon
der allerersten Dimension
machte sich auf, fing an zu wandern,
und wurde licht, sagten die andern.*

*Und freudig hat es dann erzählt,
wie herrlich doch die Himmelswelt.
Die Nachbarn hörten gern davon –
schon kam die zweite Dimension.*

*Ja plötzlich wollen alle fliegen,
so dass sich Raum und Zeiten biegen
und schnell erscheint sie uns auch schon,
bekannt als dritte Dimension.*

*Aber plötzlich droht jedoch
jenes finstre schwarze Loch!
Ist das nicht der pure Hohn,
diese Art von Dimension?!*

*Drum, wenn träge unser Licht,
stürzen wir ins Endgericht.
Deshalb sei das Geistesfeuer
wachsam, hell und stets mir teuer!"*

„Die Genesis, der Urbericht,
erzählt der Schöpfung Bahn,
wie Gene, deren Bauplan spricht,
wie Leben zu uns kam.

Und auch die hohe Wissenschaft
vom Weltraum und der Sonn'
bezeugt uns heut, dass alle Kraft
kommt stets aus dem Atom.

Denn Wasserstoff produziert Licht,
wenn es zu Helium glüht,
manch Element kommt erst in Sicht,
ist einst ein Stern versprüht.

Genial, dass Gottes Genius gibt,
was groß ist und was klein,
weil er uns Menschen alle liebt -
in jedem Sonnenschein!"

„Dich predigt Sonnenschein und Sturm,
dich preist der Sand am Meere.
Bringt, ruft auch der geringste Wurm,
bringt meinem Schöpfer Ehre!
Mich, ruft der Baum in seiner Pracht,
mich ruft die Saat, hat Gott gemacht;
bringt unserm Schöpfer Ehre!"
Christian Fürchtegott Gellert (1715 – 1769)

„... denn der Geist erforscht alle Dinge,
auch die Tiefen der Gottheit."
1. Korinther, 2,10.

„Forschergeist

Erforsche das Werden der Sterne,
den Anfang des Seins in der Ferne,
schau ebenfalls auf das Feine,
erkenne: du bist nicht alleine!"

„Dein Wort ist meines Fußes Leuchte
und ein Licht auf meinem Wege."
Psalm 119, 105.

„Sternenweise

So wie ein Stern am Himmel
möcht' meine Bahn ich ziehn –
ganz hell und leise.

Wer taucht in die Wolken ein,
der wird nur schnell verglüh'n –
nach kurzer Reise.

Drum bleib auf Gottes Wegen,
um ewig zu besteh'n –
in froher Weise!"

„Ich bin in die Welt gekommen
als ein Licht,
damit, wer an mich glaubt,
nicht in der Finsternis bleibe."
Johannes 12, 46.

„Licht und Schatten

Kein Licht – nur Schatten.
Wenig Licht – viel Schatten.
Viel Licht – wenig Schatten.
Nur Licht – kein Schatten.

Wer von innen heraus leuchtet,
hat keinen Schatten."

„Danket dem Herrn, denn er ist freundlich
denn seine Güte währet ewiglich.
Der große Lichter gemacht hat,
die Sonne, den Tag zu regieren,
den Mond und die Sterne,
die Nacht zu regieren."

aus Psalm 130

„Mond und Sonnenschein

Der Mond hat nur den Schein,
die Sonne drängt ins Sein.
Sie drängt und dringt
und zwängt und zwingt,
gibt gern gutes Gelingen,
auf dass wir aufwärts schwingen.
So lasst uns fröhlich sein
bei Mond- und Sonnenschein!"

„Ich bin das Licht der Welt,
wer mir nachfolgt,
der wird nicht wandeln
in der Finsternis, sondern wird
das Licht des Lebens haben."
Johannes 8, 12.

„Licht will leuchten

Licht will leuchten
und Tau feuchten.
Alle Gaben möchten geben,
lasst uns deshalb liebend leben;
denn Leben heißt Geben –
drum gibt und liebt!"

„Und er gebe euch
erleuchtete Augen und Herzen,
damit Ihr erkennt,
zu welcher Hoffnung ihr berufen seid."
Epheser 1,18.

„Scharfsinnig?

Siehst du im Augenblick
dein Geschick?

Hörst du in dieser Zeit
Ewigkeit?

Schöpfst du aus jedem Sinn
auch Gewinn?

Fühlt dein Herz, was Gott gibt,
der dich liebt?"

„Es glänzet der Christen inwendiges Leben,
ob gleich sie von außen die Sonne verbrannt.
Was ihnen der König des Himmels gegeben,
ist keinen als ihnen nur selber bekannt.
Was niemand verspüret, was niemand berühret
hat ihre erleuchteten Sinne gezieret
und sie zu der göttlichen Würde geführet."

Christian Friedrich Richter (1676 – 1711)

„Das Hohelied vom Licht

Ich liebe, Herr, dein Licht,
sein Wesen, sanft und schlicht.
Es ist so schön und klar,
wohlwarm und immer wahr.
Ich liebe, Herr, dein Licht!

Ich liebe, Herr, dein Licht,
das Dunkel mag ich nicht.
Selbst in der tiefsten Nacht
hilfst du mir auf der Wacht.
Ich liebe, Herr, dein Licht!

Ich liebe, Herr, dein Licht
und fürchte kein Gericht,
geh gern auf Gottes Pfad,
lebe von seiner Gnad'.
Ich liebe, Herr, dein Licht!

*Ich liebe, Herr, dein Licht
und wenn mein Auge bricht,
seh' ich die Herrlichkeit
bei dir in ew'ger Freud.
Ich liebe, Herr, dein Licht!"*

„Ostern

Heut ging die Sonne auf,
am Sonntag der Sonntage,
bringt einen neuen Lauf,
erkennt die neue Lage!

Christus ist auferstanden!
Wer ihm vertraut, der lebt
und kommet nicht zuschanden,
weil GOTT löst, trägt und hebt.

O schönste Ostersonne,
schein in das Herz hinein,
du schenkst uns Freud und Wonne
und Licht bei Brot und Wein."

„Der Herr ist mein Licht und mein Heil;
vor wem sollte ich mich fürchten?
Der Herr ist meines Lebens Kraft;
vor wem sollte ich mir grauen?

Der Herr ist meine Stärke und mein Schild;
auf ihn hofft mein Herz
und mir ist geholfen.
Nun ist mein Herz fröhlich
und ich will ihm danken mit meinem Lied."
Psalm 27, 1. und 28. 7.

„Dann kommt das Licht

Am Anfang dieser Zeit
war Dunkelheit.
Dann kam das Licht
und Gott in Sicht.

Am Ende dieser Zeit
ist Dunkelheit.
Doch Gott bleibt
und wen er ins Buch
des Lebens schreibt.

Denn Gott ist getreu
und macht alles neu –
drum glaube ohne Scheu!"

„Suche Jesum und sein Licht!
Alles andre hilft dir nicht."
Jakob Gabriel Wolf (1684 – 1754)

„Stilles Nachtlicht

Wie das Licht so stille,
sei befreit mein Wille,
beim Weben und Wandeln,
zum Heben und Handeln,
im Geben und Streben,
für's Lieben und Leben,
bis in der Nacht der Zeit
Christus er-scheint –
Bist du bereit?"

„Schön leucht't der Monde,

schöner leucht't die Sonne,

schön die Sternlein allzumal.

Jesus leucht't schöner, Jesus leucht't reiner

als alle Eng'l im Himmelssaal"

Verfasser unbekannt

„Engelsingen

Möcht' sein wie ein Kerzelein,
leuchten in dein Herz hinein,
hell und rein.

Möcht' sein wie ein Glöckelein,
klingen in dein Herz hinein,
zart und fein.

Möcht' sein wie ein Blümelein,
ranken in dein Herz hinein,
sanft und fein.

Und, Jesus, wie du allein,
Lieben, Segnen und Verzeihn,
möcht' ich sein!"

„Das Licht der Gerechten brennt fröhlich ..."

Sprüche 13, 9.

„Licht

Licht, voll göttlicher Natur,
du besiegst die dunklen Mächte
und beschenkst mit Freude pur,
vertreibst alle kalten Nächte;
denn im Herzen, das dich kennt,
Feuer brennt!"

„So lasset euer Licht leuchten vor den Leuten,
damit sie eure guten Werke sehen
und euren Vater im Himmel preisen."
Matthäus 5, 16.

„*Licht heißt:*

L*eben* ***i****n* ***ch****ristlichen* ***T****ugenden!"*

„Lobe den Herrn, meine Seele!

Herr, mein Gott, du bist sehr herrlich;

du bist schön und prächtig geschmückt.

Licht ist dein Kleid,

das du an hast.

Du breitest den Himmel aus wie einen Teppich."

Psalm 104, 1. + 2.

Nachwort

Noch nie haben wir Menschen so viel über das Licht gewusst, wie in unserer Zeit. Mit Lichtgeschwindigkeit wird das Weltall ausgemessen und Licht übernimmt in der Kommunikation und auch in der Fertigung immer mehr Funktionen.
Auch die Forschung bringt uns dynamisch neue Erkenntnisse über das Licht und die physikalischen Hintergründe. Dunkle Materie und dunkle Energie sind auf einmal im Gespräch, obwohl diese bisher nur ein eher theoretisches Dasein haben.

Aber wer kann das Geheimnis des natürlichen Lichtes richtig erklären?! Für mich ist das Licht das größte Wunder!
Ohne Licht gibt es nichts – und wer sämtliche Geheimnisse des Lichtes kennt, weiß der nicht Alles?!

Wenn ich das Licht als Wunder erkenne und es mein Leben prägt, dann kann ich auch das Licht wahrnehmen, das die Seele sieht.

Mit meiner natürlichen Sehensweise und der inneren Sicht, der geistigen Interpretation, wird quasi ein „Lichtbogen" erzeugt, der durch die verschiedenen Prismen der Poesie zu einem „Regenbogen" wird.

Und das Wunder des Lichtes wird in fröhlich leuchtenden Farben gebrochen.

Christliches Gedankengut aus unserem Kulturkreis ist für manchen Leser heute vielleicht ungewohnt, doch schon immer haben sich Menschen vielfältige und bunte Gedanken über das Licht gemacht.

Ich hoffe, dass nicht nur das Gemälde vom Regenbogen erfreut, sondern auch die Texte neue Erkenntnisse zum Erscheinen bringen.

Hans-Jürgen Sträter

Zum Autor

Hans-Jürgen Sträter ist in Witten an der Ruhr geboren. Schon seit seiner Schulzeit textet er gerne. Durch seinen ersten Gedichtband „Königskinderland – Das Hohelicht der Fröhlichkeit" entstand 2007 der Adlerstein-Verlag.

Zur Künstlerin

Christina Buhr wurde am 29.07.1989 in Aurich geboren. Seit ihrer Kindheit ist sie begeistert von Farben und Formen. Mittlerweile malt sie bevorzugt mit Ölfarben. Sie besuchte 7 Jahre eine Kunstschule in Hesel. Ihr weites Spektrum umfasst Personen- und Tierporträts, Landschaftsbilder und surrealistische Phantasien.

Heute arbeitet sie als Heilerziehungspflegerin, bei ihrer Arbeit nutzt sie selbstredend ihre Begabung.